Impressum
Verlag: BABADADA GmbH, Nedderfeld 112 , 22529 Hamburg
Geschäftsführer / Verlagsleitung: Harald Hof
Druck: Books on Demand GmbH, In de Tarpen 42, 22848 Norderstedt

Imprint
Publisher: BABADADA GmbH, Nedderfeld 112 , 22529 Hamburg, Germany
Managing Director / Publishing direction: Harald Hof
Print: Books on Demand GmbH, In de Tarpen 42, 22848 Norderstedt, Germany

shkolla

school

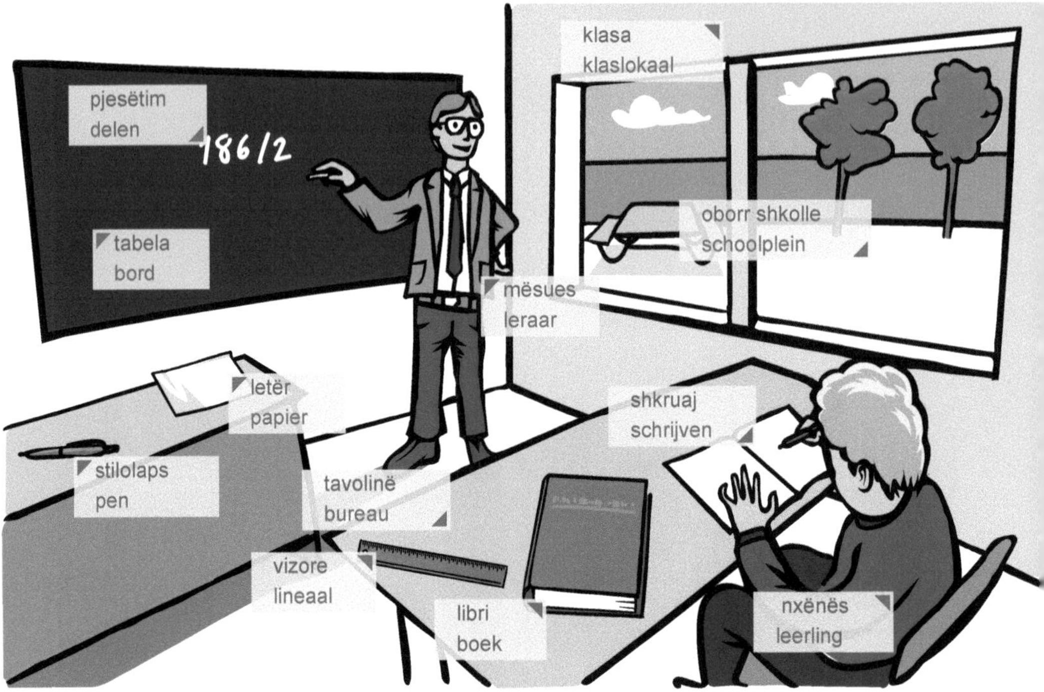

klasa
klaslokaal
pjesëtim
delen
186/2
tabela
bord
oborr shkolle
schoolplein
mësues
leraar
letër
papier
shkruaj
schrijven
stilolaps
pen
tavolinë
bureau
vizore
lineaal
libri
boek
nxënës
leerling

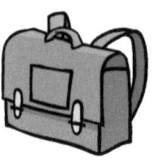

çantë

schooltas

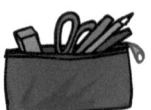

mbajtëse lapsash

etui

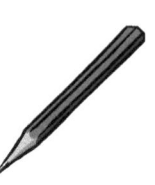

laps

potlood

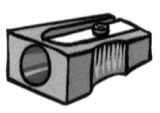

mprehës lapsash

puntenslijper

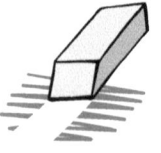

gomë

gum

fletore vizatimi

schetsblok

vizatim

tekening

penel

penseel

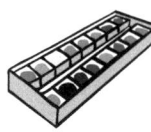

kuti bojërash

verfdoos

gërshërë

schaar

ngjitës

lijm

fletore detyrash

schrift

detyrë shtëpie

huiswerk

numër

getal

2+2

mbledh

optellen

5-2

zbres

aftrekken

shumëzoj

vermenigvuldigen

llogaris

rekenen

A

gërmë

letter

ABCDEFG
HIJKLMN
OPQRSTU
VWXYZ

alfabeti

alfabet

fjalë

woord

shkolla - school

3

tekst
tekst

lexoj
lezen

shkumës
krijt

mësim
les

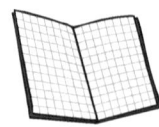

regjistër
klassenboek

provim
examen

çertifikatë
diploma

uniformë shkolle
schooluniform

arsimim
opleiding

enciklopedia
encyclopedie

universitet
universiteit

mikroskop
microscoop

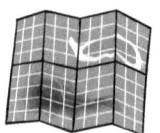

hartë
kaart

kosh letrash
prullenmand

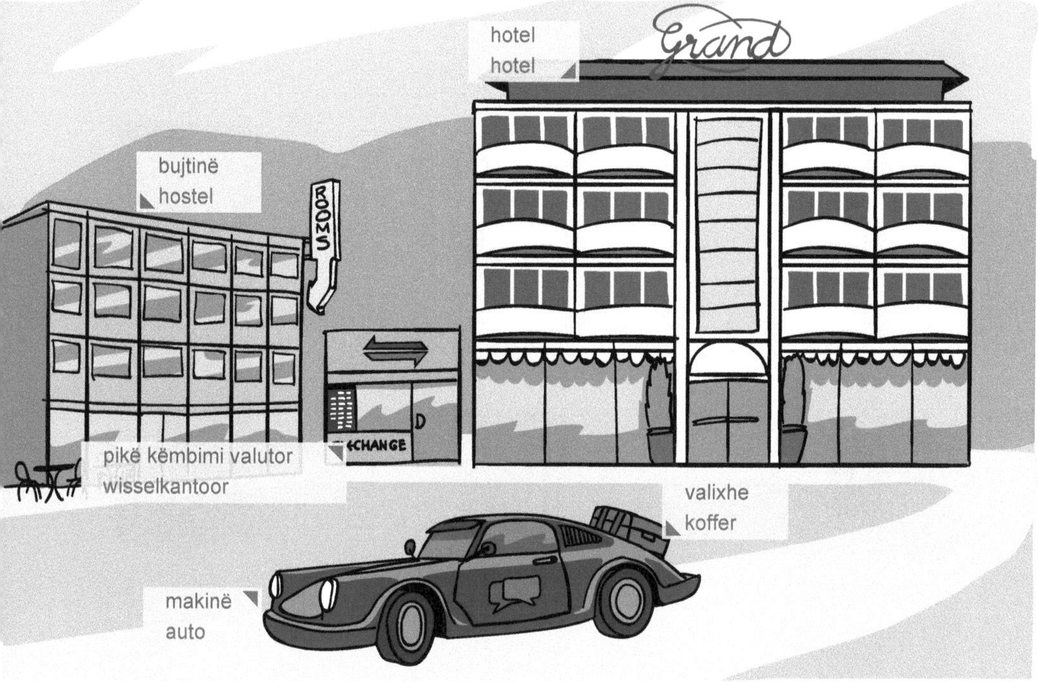

hotel
hotel
Grand
bujtinë
hostel
ROOMS
pikë këmbimi valutor
wisselkantoor
CHANGE
valixhe
koffer
makinë
auto

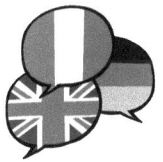

gjuhë
taal

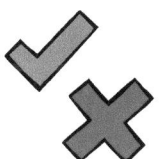

po / jo
ja / nee

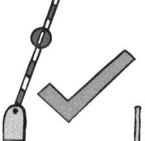

Në rregull
oké

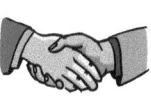

ç'kemi
Hallo!

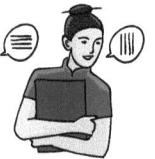

përkthyes
tolk

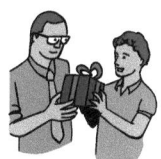

Faleminderit
Bedankt.

sa kushton…?

Wat kost …?

nuk e kuptoj

Ik begrijp het niet.

problem

probleem

Mirëmbrëma!

Goedenavond!

Mirëmëngjes!

Goedemorgen!

Natën e mirë!

Goedenacht!

mirupafshim

Tot ziens!

drejtim

richting

bagazhet

bagage

çantë

tas

çantë shpine

rugzak

mysafir

gast

dhomë

kamer

thes gjumi

slaapzak

tendë

tent

informacion për turistët

VVV-kantoor

plazh

strand

kartë krediti

creditkaart

mëngjes

ontbijt

drekë

lunch

darkë

diner

Biletë

kaartje

ashensor

lift

pulla

postzegel

kufi

grens

doganë

douane

ambasadë

ambassade

vizë

visum

pasaportë

paspoort

transport

transport

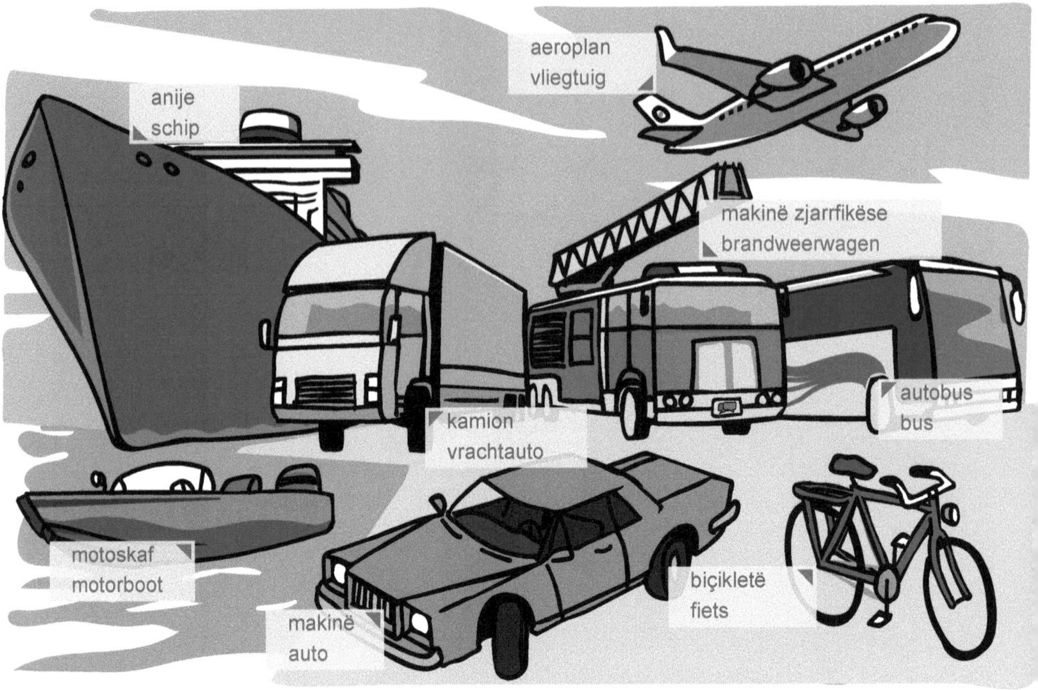

aeroplan
vliegtuig
anije
schip
makinë zjarrfikëse
brandweerwagen
autobus
bus
kamion
vrachtauto
motoskaf
motorboot
biçikletë
fiets
makinë
auto

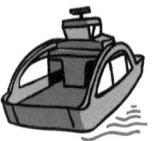

traget
veerboot

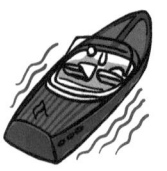

varkë
boot

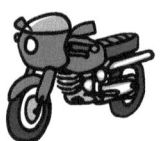

motoçikletë
motorfiets

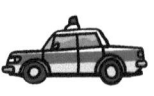

makinë policie
politiewagen

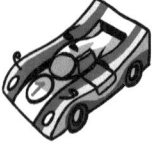

makinë garash
raceauto

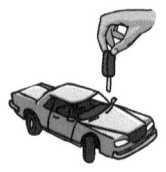

makinë me qira
huurauto

ndarje e qirasë së makinës

carsharing

karroatrec

takelwagen

makinë plehrash

vuilniswagen

motor

motor

benzinë

benzine

pikë karburanti

benzinepomp

sinjalistikë trafiku

verkeersbord

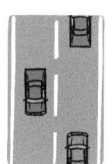

trafik

verkeer

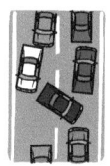

bllokim trafiku

file

parkim makinash

parkeerplaats

stacion treni

station

trase

rails

tren

trein

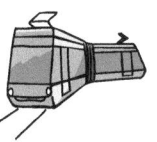

tramvaj

tram

karro

wagon

helikopter

helikopter

aeroport

luchthaven

kullë

toren

pasagjer

passagier

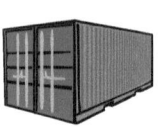

kontenier

container

kuti kartoni

verhuisdoos

qerre

kar

shportë

mand

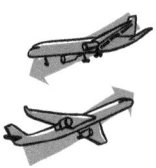

ngrihem / ulem

opstijgen / landen

qytet

stad

fshat

dorp

qendra e qytetit

stadscentrum

shtëpi

huis

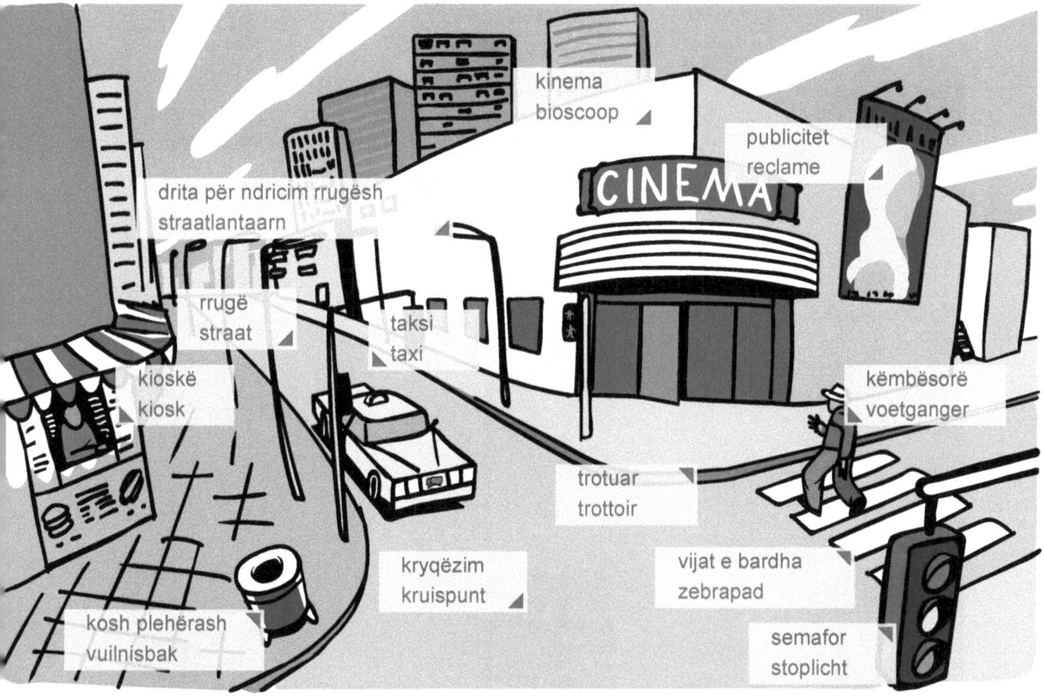

kinema
bioscoop

publicitet
reclame

drita për ndricim rrugësh
straatlantaarn

rrugë
straat

taksi
taxi

CINEMA

kioskë
kiosk

këmbësorë
voetganger

trotuar
trottoir

kryqëzim
kruispunt

vijat e bardha
zebrapad

kosh plehërash
vuilnisbak

semafor
stoplicht

kasolle
....
hut

apartament
....
appartement

stacion treni
....
station

bashki
....
stadhuis

muze
....
museum

shkolla
....
school

universitet

universiteit

bankë

bank

spital

ziekenhuis

hotel

hotel

farmaci

apotheek

zyrë

kantoor

librari

boekenwinkel

dyqan

winkel

dyqan lulesh

bloemenwinkel

supermarket

supermarkt

market

markt

mapo

warenhuis

dyqan peshku

visboer

qëndër tregtare

winkelcentrum

port

haven

park
park

stol
bank

urë
brug

shkallë
trap

metro
metro

tunel
tunnel

stacion autobuzi
bushalte

bar
bar

restorant
restaurant

kuti postare
brievenbus

sinjalistikë rrugore
straatnaambord

kohëmatës parkimi
parkeermeter

kopsht zoologjik
dierentuin

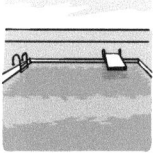

pishinë
zwembad

xhami
moskee

fermë

boerderij

ndotje

vervuiling

varrezë

begraafplaats

kishë

kerk

shesh lojërash

speelplaats

tempull

tempel

peisazh

landschap

gjethe
blad

tabela orientuese
wegwijzer

rrugë
weg

livadh
weide

gurë
steen

ekskursionist
wandelaar

pemë
boom

lumë
rivier

bar
gras

lule
bloem

luginë
vallei

kodër
berg

liqen
meer

pyll
bos

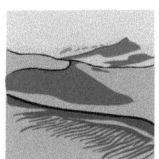

shkretëtirë
woestijn

vullkan
vulkaan

kështjellë
kasteel

ylber
regenboog

kepudhë
paddenstoel

palmë
palmboom

mushkonjë
mug

mizë
vlieg

milingonë
mier

bletë
bij

merimangë
spin

brumbull

kever

bretkosë

kikker

ketër

eekhoorn

iriq

egel

lepur

haas

buf

uil

zog

vogel

mjellmë

zwaan

derr i egër

wild zwijn

dre

hert

dre brilopatë

eland

digë

stuwdam

turbinë ere

windmolen

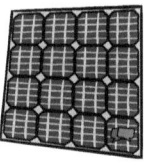

panel diellor

zonnepaneel

klimë

klimaat

restorant
restaurant

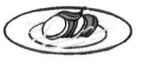

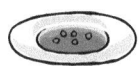

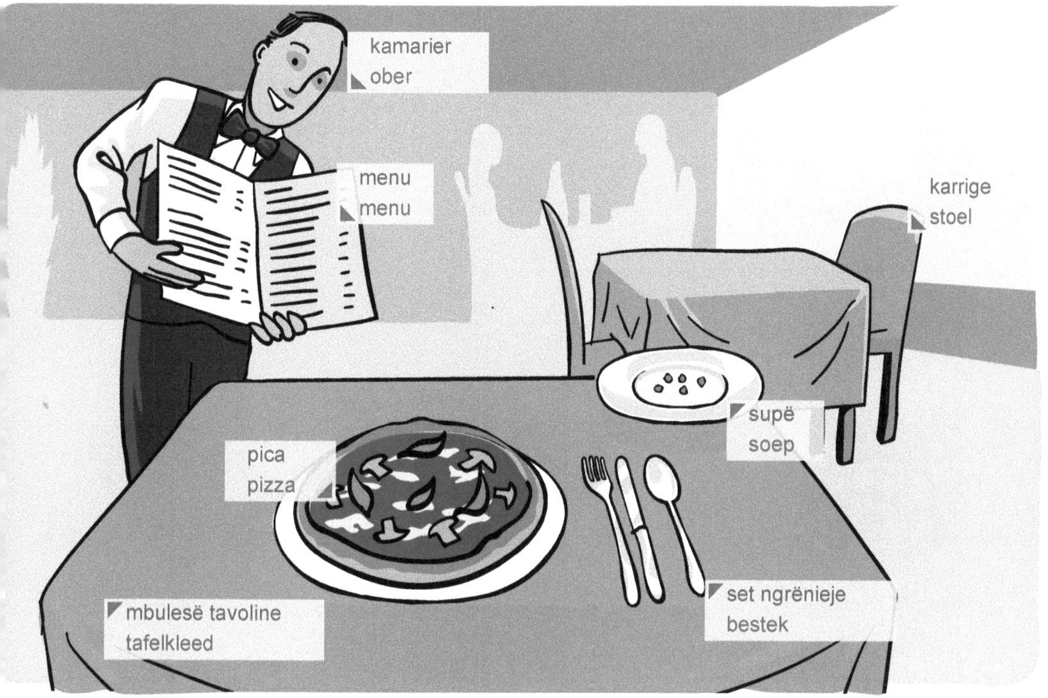

kamarier
ober
menu
menu
karrige
stoel
supë
soep
pica
pizza
set ngrënieje
bestek
mbulesë tavoline
tafelkleed

pjatë e parë

voorgerecht

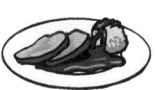

pjatë kryesore

hoofdgerecht

ëmbëlsirë

toetje

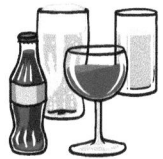

pije

dranken

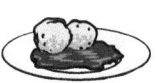

ushqim

eten

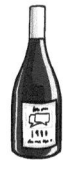

shishe

fles

ushqim i shpejtë

fastfood

ushqim i shërbyer në rrugë

eetkraampje

ibrik çaji

theepot

kuti sheqeri

suikerpot

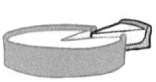

racion

portie

makinë kafeje ekspres

espressomachine

karrige e lartë

kinderstoel

faturë

rekening

tabaka

dienblad

thika

mes

pirun

vork

lugë

lepel

lugë çaji

theelepel

pecetë

servet

gotë

glas

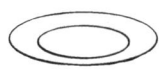

pjatë

bord

pjatë supe

soepbord

pjatë filxhani

schotel

salcë

saus

mbajtëse kripe

zoutvaatje

mulli piperi

pepermolen

uthull

azijn

vaj

olie

erëza

kruiden

keçap

ketchup

mustardë

mosterd

majonezë

mayonaise

supermarket

supermarkt

ofertë speciale
aanbieding
klient
klant
produkte bulmeti
zuivelproducten
FOR
frut
fruit
karrocë pazari
winkelwagen

BUTCHERS

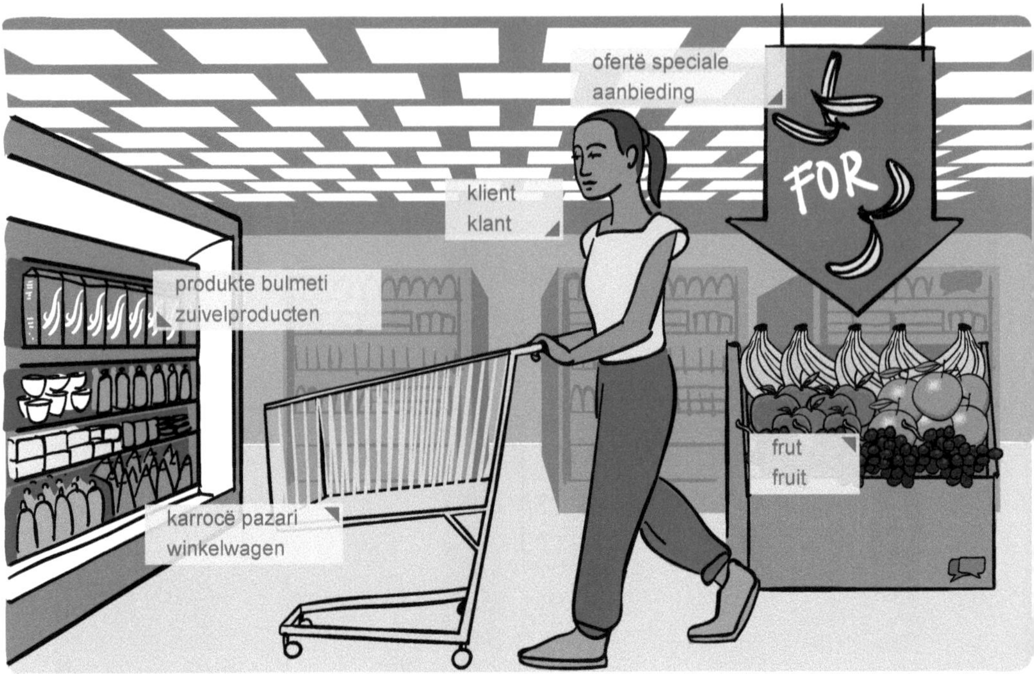

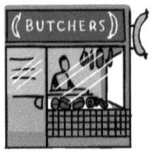

dyqan mishi

slager

BAKERY

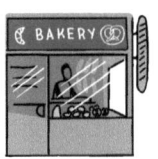

furrë buke

bakkerij

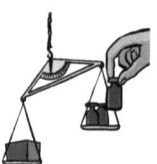

peshoj

wegen

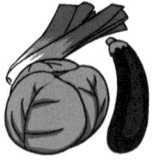

perime

groente

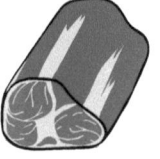

mish

vlees

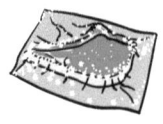

ushqim i ngrirë

diepvriesproducten

copë
vleeswaren

ushqim i konservuar
conserven

pluhur larës
wasmiddel

ëmbëlsirat
snoepgoed

prodhime shtëpie
huishoudelijke artikelen

produkte pastrimi
schoonmaakmiddel

shitëse
verkoopster

kasë fiskale
kassa

arkëtar
kassier

listë blerjeje
boodschappenlijstje

oraret e punës
openingstijden

portofol
portefeuille

kartë krediti
creditkaart

çantë
tas

qese plastike
plastic zak

ujë

water

lëng frutash

sap

qumësht

melk

koka-kola

cola

verë

wijn

birrë

bier

alkool

alcohol

kakao

chocolademelk

çaj

thee

kafe

koffie

kafe ekspres

espresso

kapuçino

cappuccino

banane

banaan

mollë

appel

portokalle

sinaasappel

pjepër

watermeloen

limon

citroen

karrotë

wortel

hudhër

knoflook

bambu

bamboe

qepë

ui

kërpudha

paddenstoel

arra

noten

makarona

pasta

spageti
spaghetti

oriz
rijst

sallatë
salade

patate të skuqura
friet

patate të skuqura
gebakken aardappelen

pica
pizza

hamburger
hamburger

sanduiç
sandwich

shnicel
schnitzel

proshutë
ham

sallam
salami

salçiçe
worst

pulë
kip

skuq
gebraad

peshk
vis

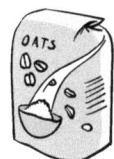

tërshërë

havermout

drithëra

muesli

kornfleiks

cornflakes

miell

meel

kruasant

croissant

panine

broodjes

bukë

brood

tost

toast

biskotë

koekjes

gjalp

boter

gjizë

kwark

tortë

taart

vezë

ei

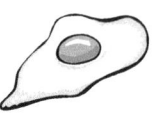

vezë sy

gebakken ei

djathë

kaas

akullore

ijs

sheqer

suiker

mjaltë

honing

marmaladë

jam

çokokrem

chocoladepasta

këri

kerrie

ushqim - eten

fermë
boerderij

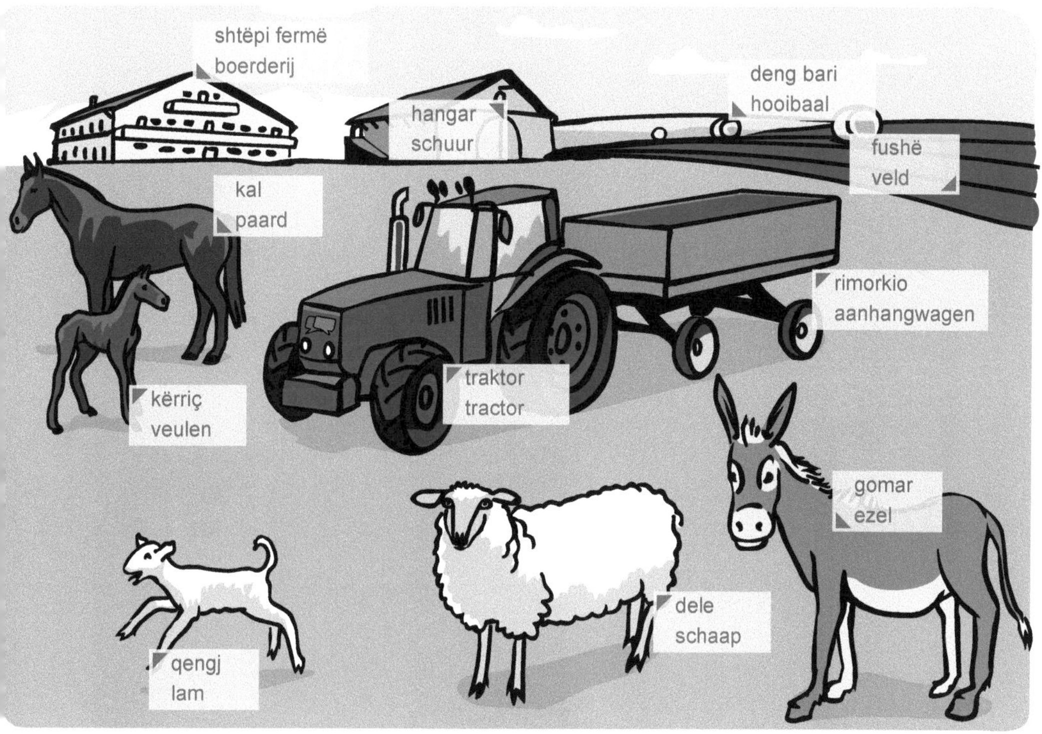

shtëpi fermë
boerderij
hangar
schuur
deng bari
hooibaal
fushë
veld
kal
paard
rimorkio
aanhangwagen
kërriç
veulen
traktor
tractor
gomar
ezel
dele
schaap
qengj
lam

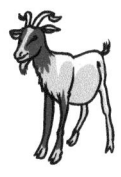

dhi
geit

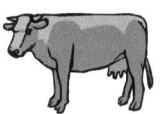

lopë
koe

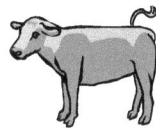

viç
kalf

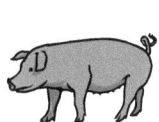

derr
varken

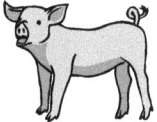

derrkuc
big

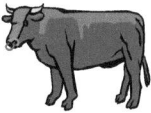

dem
stier

patë

gans

rosë

eend

zog pule

kuiken

pulë

kip

gjel

haan

mi

rat

mace

kat

mi

muis

buall

os

qen

hond

kolibe qeni

hondenhok

zorrë vaditëse

tuinslang

vaditëse

gieter

kosë

zeis

plug

ploeg

drapër
sikkel

shat
schoffel

kosa
hooivork

sëpatë
bijl

karrocë
kruiwagen

govatë
trog

bidon qumështi
melkbus

thes
zak

gardh
hek

ahur
stal

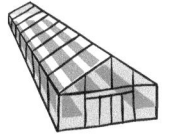

serë
broeikas

dhe
grond

farë
zaad

pleh
mest

autokombanjë
maaidorser

korr
oogsten

te korrat
oogst

patate e ëmbël "Yam"
yam

grurë
tarwe

soja
soja

patate
aardappel

misër
maïs

raps
koolzaad

pemë frutore
fruitboom

zhardhok manioku
maniok

drithëra
granen

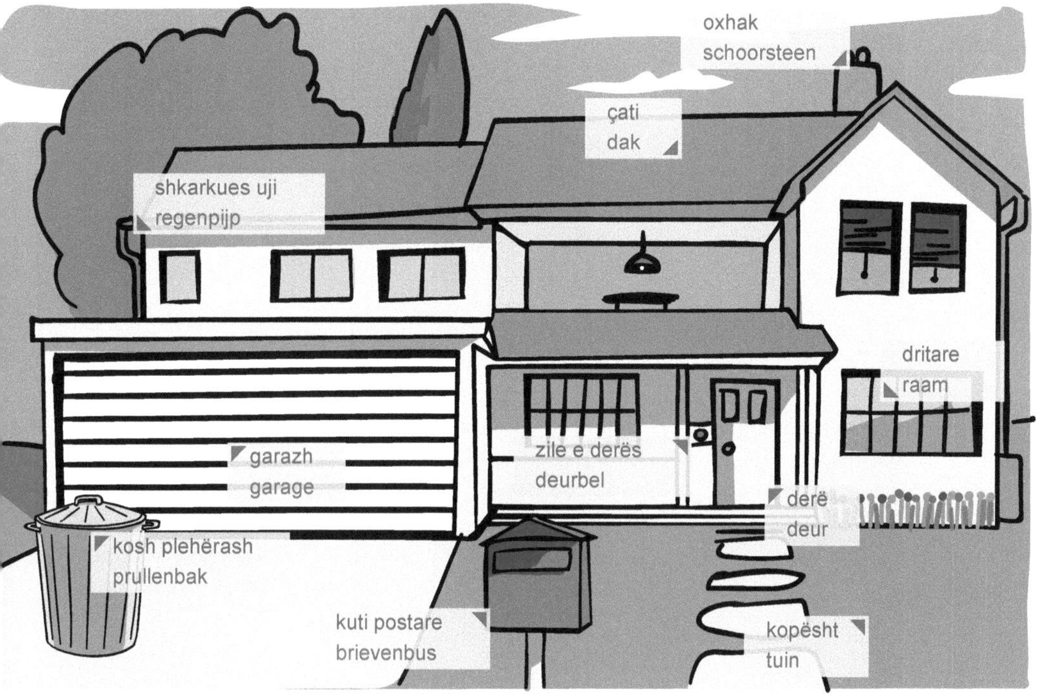

oxhak
schoorsteen

çati
dak

shkarkues uji
regenpijp

dritare
raam

garazh
garage

zile e derës
deurbel

derë
deur

kosh plehërash
prullenbak

kuti postare
brievenbus

kopësht
tuin

dhomë ndenjeje

woonkamer

tualet

badkamer

kuzhinë

keuken

dhomë gjumi

slaapkamer

dhomë fëmijësh

kinderkamer

dhomë ngrënieje

eetkamer

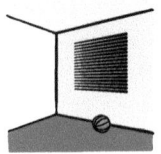

dysheme

vloer

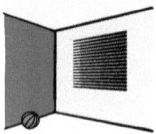

mur

muur

tavan

plafond

bodrum

kelder

sauna

sauna

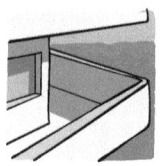

ballkon

balkon

tarracë

terras

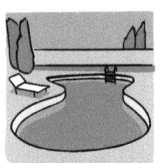

pishinë

zwembad

kositëse bari

grasmaaier

çarçaf

laken

kuvertë

bedsprei

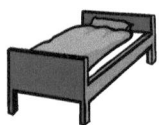

krevat

bed

fshesë dore

bezem

kovë

emmer

çelës

schakelaar

dhomë ndenjeje
woonkamer

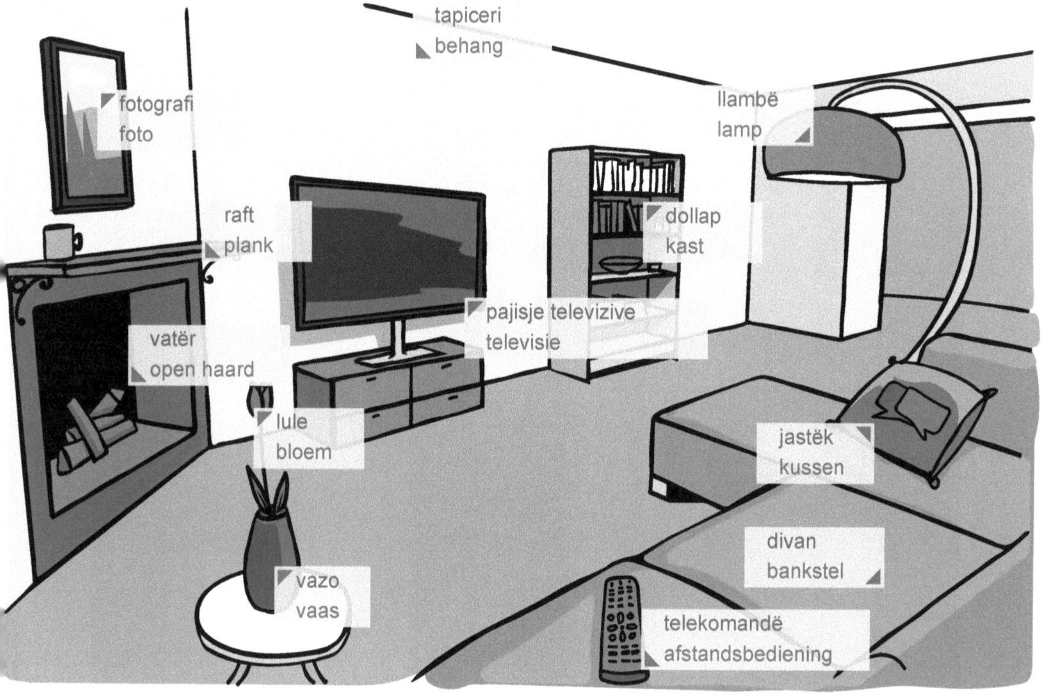

tapiceri
behang
fotografi
foto
llambë
lamp
raft
plank
dollap
kast
pajisje televizive
televisie
vatër
open haard
lule
bloem
jastëk
kussen
divan
bankstel
vazo
vaas
telekomandë
afstandsbediening

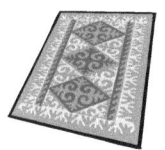

qilim
tapijt

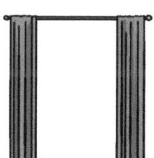

perde
gordijn

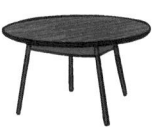

tavolinë
tafel

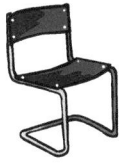

karrige
stoel

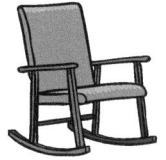

karrige lëkundëse
schommelstoel

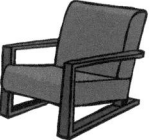

kolltuk
stoel

libri
....
boek

batanije
....
deken

zbukurime
....
decoratie

dru zjarri
....
brandhout

film
....
film

stereo
....
stereo-installatie

çelës
....
sleutel

gazetë
....
krant

pikturë
....
schilderij

afishe
....
poster

radio
....
radio

bllok shënimesh
....
kladblok

fshesë me korent
....
stofzuiger

kaktus
....
cactus

qiri
....
kaars

kuzhinë
keuken

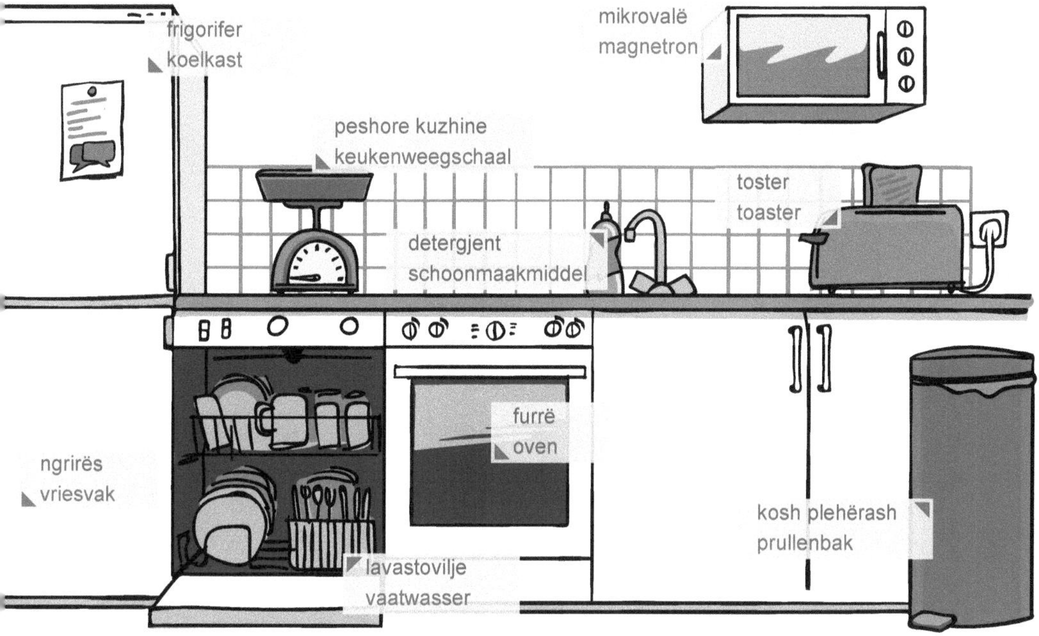
frigorifer
koelkast
mikrovalë
magnetron
peshore kuzhine
keukenweegschaal
toster
toaster
detergjent
schoonmaakmiddel
furrë
oven
ngrirës
vriesvak
kosh plehërash
prullenbak
lavastovilje
vaatwasser

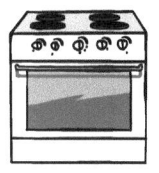

sobë
fornuis

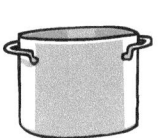

tenxhere
pan

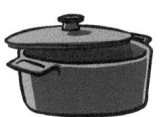

tenxhere me kapak
gietijzeren pan

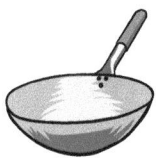

tigan special (Wok)
wok / kadai

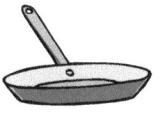

tigan
koekenpan

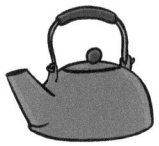

çajnik
ketel

tenxhere me avull

stoomkoker

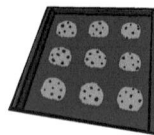

tavë pjekjeje

bakplaat

enë

servies

filxhan

beker

tas

kom

shkopinj

eetstokjes

garuzhde

soeplepel

spatul

spatel

tel kuzhine

garde

kulluese

vergiet

sitë

zeef

rende

rasp

havan

vijzel

skarë

barbecue

zjarr

vuurhaard

dërrasë për prerje

snijplank

okllai

deegroller

heqëse tapash

kurkentrekker

kanaçe

blik

hapëse kanaçeje

blikopener

rrobë për të kapur tenxheren
pannenlap

lavaman

wasbak

furçë

borstel

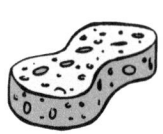

sfungjer

spons

përzjerës

blender

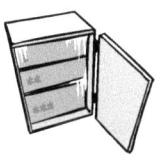

ngrirës

vriezer

biberon për lëngje

babyflesje

rubinet

kraan

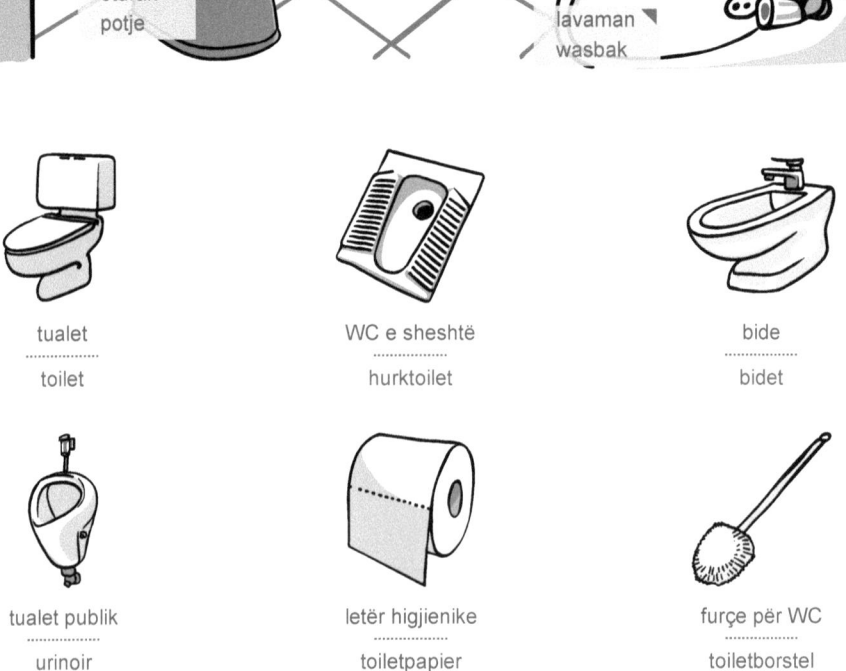

tualet
badkamer

dush
douche
ngrohje
verwarming
peshqirë
handdoek
perde dushi
douchegordijn
vaskë me shkumë
bubbelbad
vaskë
bad
gotë
glas
lavatriçe
wasmachine
rubinet
kraan
pllaka
tegels
oturak
potje
lavaman
wasbak

tualet

toilet

WC e sheshtë

hurktoilet

bide

bidet

tualet publik

urinoir

letër higjienike

toiletpapier

furçe për WC

toiletborstel

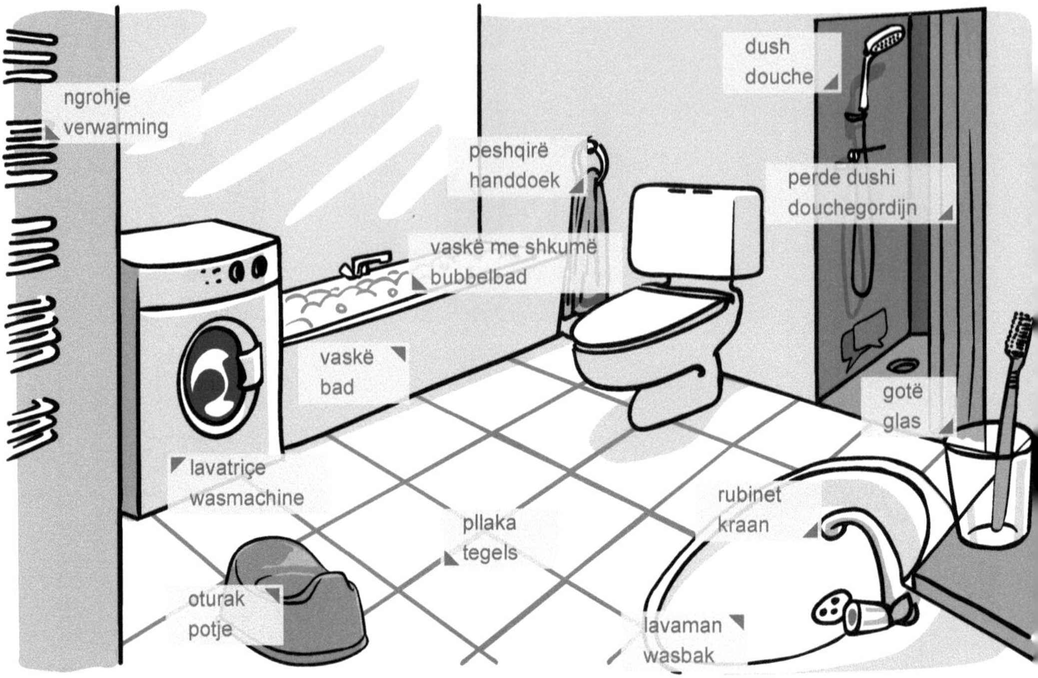

furçë dhëmbësh

tandenborstel

pastë dhëmbësh

tandpasta

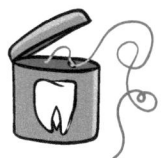

fije dentare

flosdraad

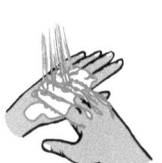

laj

wassen

dorezë dushi

handdouche

larës për zonën intime

toiletdouche

legen

waskom

furçë për masazh shpine

rugborstel

sapun

zeep

shampo trupi

douchegel

shampo

shampoo

leckë pastruese

washanje

kullues

afvoer

krem

creme

antidjersë

deodorant

pasqyrë

spiegel

pasqyrë dore

make-upspiegel

brisk rroje

scheermes

shkumë rroje

scheerschuim

locion pas rrojes

aftershave

krehër

kam

furçë

borstel

tharëse flokësh

haardroger

llak për flokët

haarspray

grim

make-up

buzëkuq

lippenstift

manikyr

nagellak

mbushje pambuku

watten

gërshërë për thonj

nagelschaartje

parfum

parfum

çantë për sendet personale

toilettas

Stol

kruk

peshore

weegschaal

robëdëshambër

badjas

dorashka gome

rubber handschoenen

tampon

tampon

peceta higjienike

maandverband

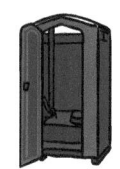

tualet I lëvizshëm

chemisch toilet

dhomë fëmijësh
kinderkamer

orë me zile
wekker
lodra me pellushë
knuffeldier
makinë lodër
speelgoedauto
rraketake
rammelaar
shtëpi kukullash
poppenhuis
dhuratë
cadeau

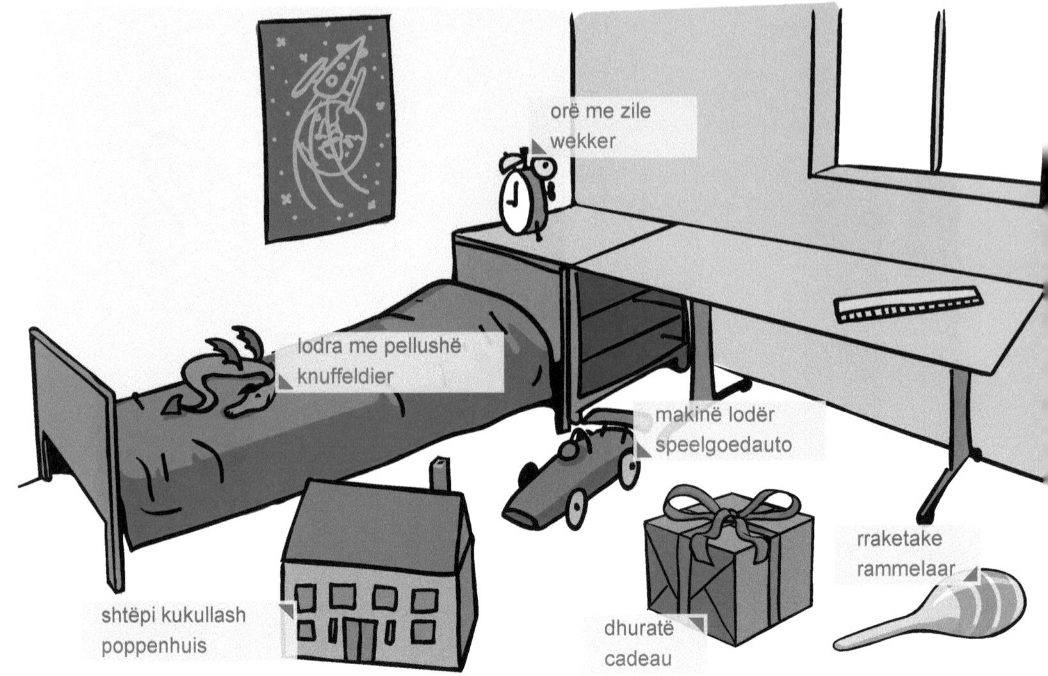

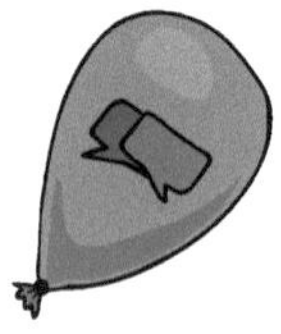

tollumbace

ballon

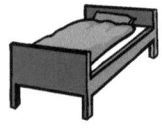

krevat

bed

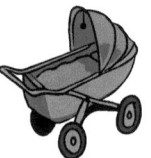

karrocë fëmijësh

kinderwagen

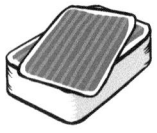

lojë me letra

kaartspel

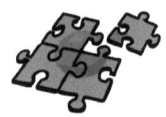

bashkim pjesësh me figura

puzzel

komik

stripverhaal

formuese lodër

legostenen

kuba plastikë

speelgoedblokken

lodra

actiefiguurtje

badi

romper

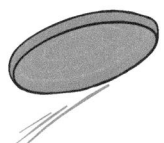

frizbi

frisbee

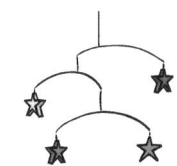

lodra të varura tek krevati i fëmijëve

mobile

tavolinë lojërash

bordspel

zare

dobbelsteen

model treni

modeltrein

biberon

speen

festë

feestje

libër me ilustrime

prentenboek

top

bal

kukull

pop

luaj

spelen

grumbull rërë
zandbak

kolovarëse
schommel

lodra
speelgoed

leva për lojra video
spelcomputer

triçikël
driewieler

arush prej pellushi
teddybeer

garderobë
kleerkast

veshje
kleding

çorape
sokken

çorape të gjata
kousen

geta
panty

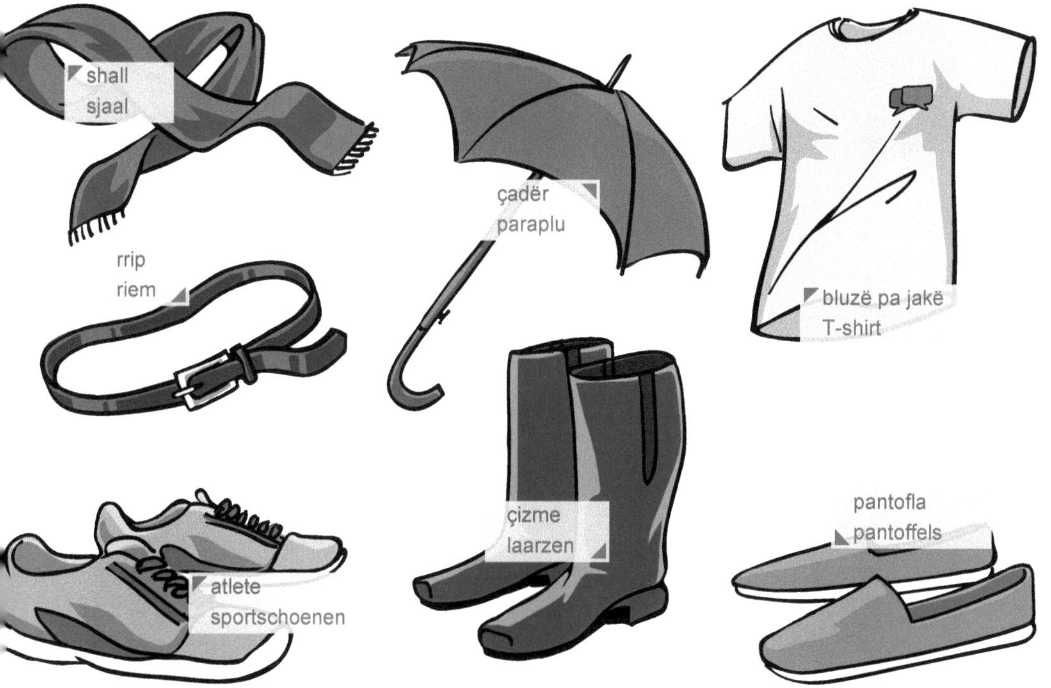

shall
sjaal

rrip
riem

çadër
paraplu

bluzë pa jakë
T-shirt

atlete
sportschoenen

çizme
laarzen

pantofla
pantoffels

sandale
....
sandalen

këpucë
....
schoenen

çizme llastiku
....
rubberlaarzen

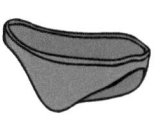

të mbathura
....
onderbroek

reçipeta
....
beha

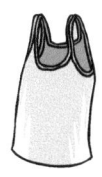

kanotierë
....
onderhemd

trup

body

pantallona

broek

xhinse

spijkerbroek

fund

rok

bluzë

blouse

këmishë

overhemd

pulovër

trui

triko

hoody

xhaketë

blazer

xhaketë

jas

pallto

mantel

mushama shiu

regenjas

kostum

kostuum

fustan

jurk

fustan nusërie

trouwjurk

kostum

pak

këmishë nate

nachthemd

pizhama

pyjama

sari (veshje tradicionale indiane)

sari

shami koke

hoofddoek

çallmë

tulband

veshje për femrat e besimit musliman

boerka

kaftan (lloj veshjeje tradicionale)

kaftan

ferexhe

abaja

kostum banje

zwempak

rroba banje

zwembroek

pantallona të shkurtra

korte broek

tuta sporti

trainingspak

përparëse

schort

dorashka

handschoenen

kopsë

knoop

syze

bril

byzylyk

armband

gjerdan

ketting

unazë

ring

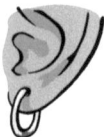

vath

oorbel

kapuç

pet

varëse për pallto

kledinghanger

kapele

hoed

kravatë

stropdas

zinxhir

rits

helmetë

helm

tiranda

bretels

uniformë shkolle

schooluniform

uniformë

uniform

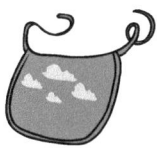

gushore

slabbetje

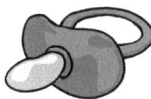

biberon

speen

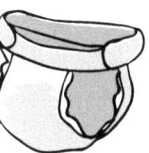

pelenë

luier

zyrë
kantoor

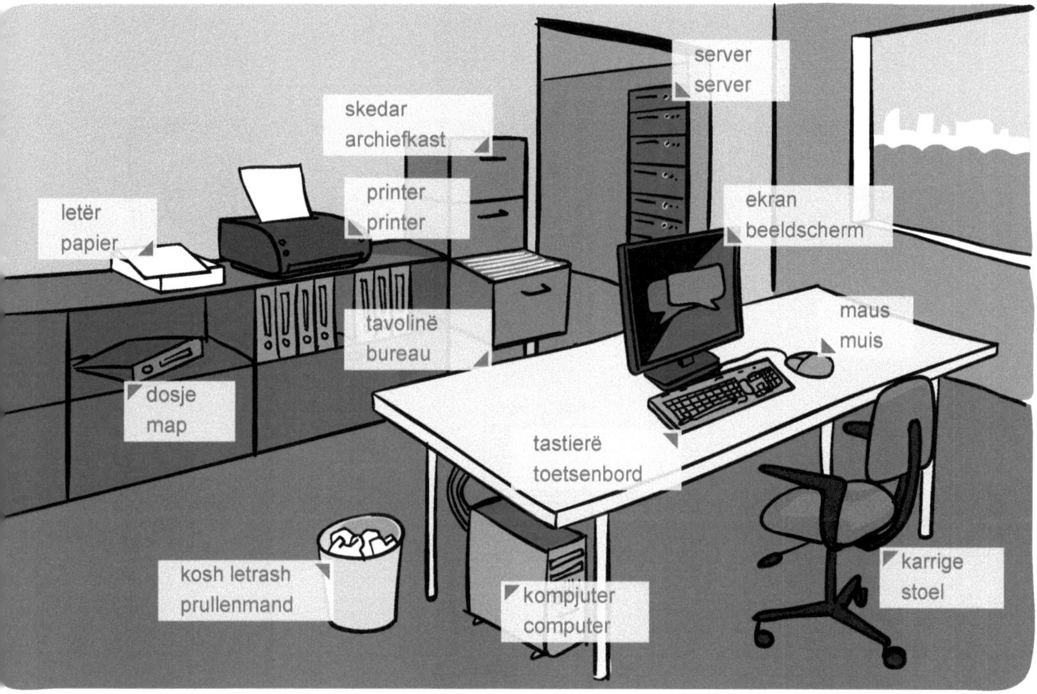
server
server
skedar
archiefkast
printer
printer
letër
papier
ekran
beeldscherm
maus
muis
tavolinë
bureau
dosje
map
tastierë
toetsenbord
kosh letrash
prullenmand
kompjuter
computer
karrige
stoel

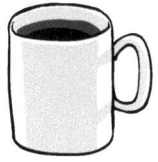

filxhan kafeje

koffiemok

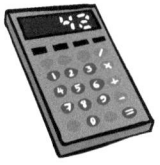

makinë llogaritëse

rekenmachine

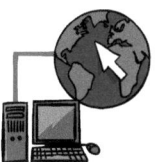

internet

internet

kompjuter portativ

laptop

letër

brief

mesazh

bericht

telefon

mobiele telefoon

rrjet

netwerk

fotokopje

kopieermachine

program

software

telefon

telefoon

prizë

stopcontact

pajisje faksi

fax

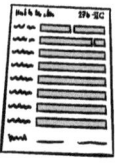

formular

formulier

dokument

document

blej
kopen

paguaj
betalen

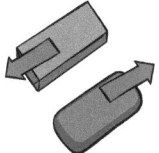

tregtoj
handel drijven

para
geld

dollar
dollar

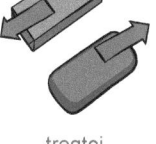

euro
euro

jen
yen

rubla
roebel

franga zvicerane
Zwitserse frank

juani kinez
renminbi yuan

rupje
roepie

bankomat
geldautomaat

pikë këmbimi valutor

wisselkantoor

ar

goud

argjend

zilver

nafta

olie

energji

energie

çmim

prijs

kontratë

contract

taksë

belasting

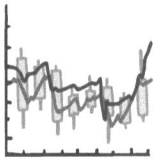

aksione

aandeel

punoj

werken

punonjës

werknemer

punëdhënës

werkgever

fabrikë

fabriek

dyqan

winkel

profesionet
beroepen

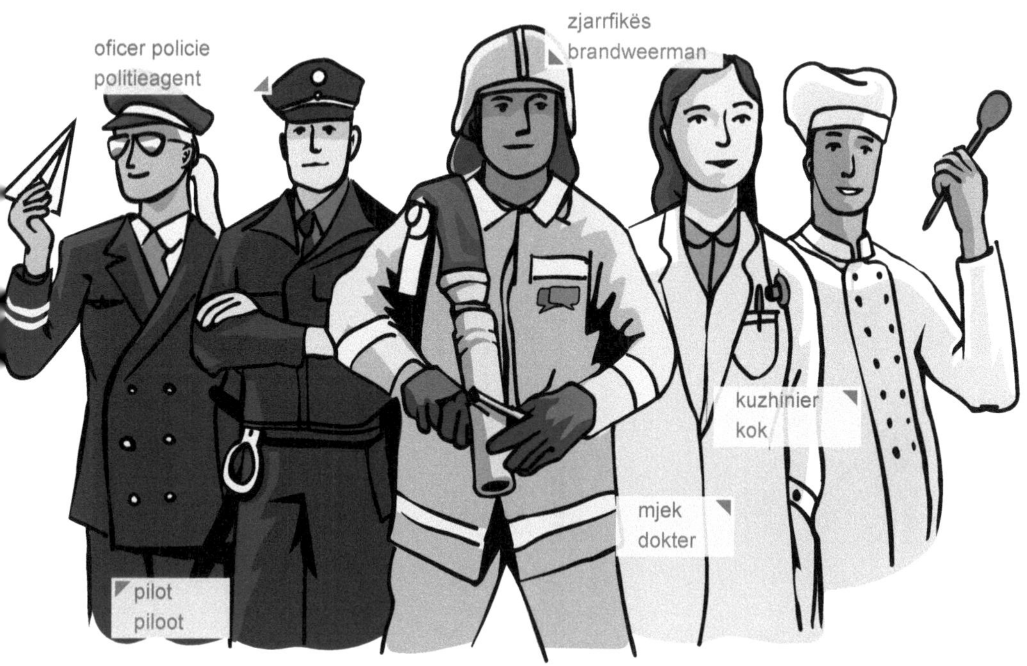
zjarrfikës
brandweerman
oficer policie
politieagent
kuzhinier
kok
mjek
dokter
pilot
piloot

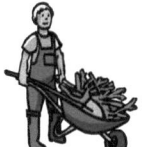

kopshtar

tuinman

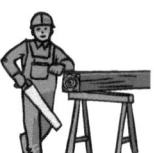

marangoz

timmerman

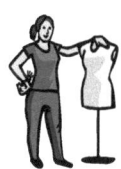

rrobaqepëse

naaister

gjykatës

rechter

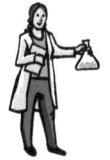

kimist

scheikundige

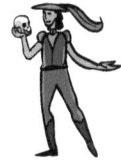

aktor

toneelspeler

shofer autobuzi

buschauffeur

taksist

taxichauffeur

peshkatar

visser

pastruese

schoonmaakster

riparues çatish

dakdekker

kamarier

ober

gjuetar

jager

piktor

schilder

furrxhi

bakker

elektriçist

elektricien

ndërtues

bouwvakker

inxhinier

ingenieur

kasap

slager

hidraulik

loodgieter

postieri

postbode

ushtar

soldaat

arkitekt

architect

arkëtar

kassier

luleshitës

bloemist

berber

kapper

kontrollor

conducteur

mekanik

monteur

kapiten

kapitein

dentist

tandarts

shkencëtar

wetenschapper

rabin

rabbi

imam

imam

murg

monnik

klerik

pastoor

mjete
gereedschap

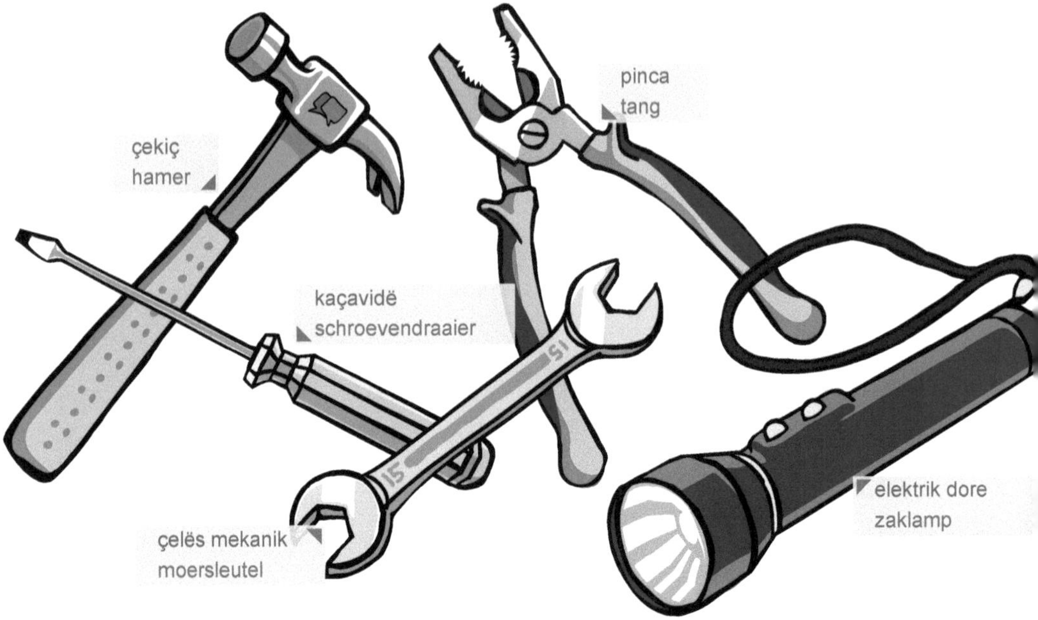

çekiç
hamer
pinca
tang
kaçavidë
schroevendraaier
çelës mekanik
moersleutel
elektrik dore
zaklamp

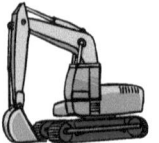

ekskavator

graafmachine

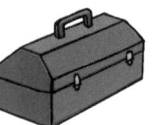

kuti veglash

gereedschapskist

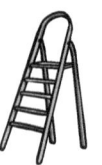

shkallë

ladder

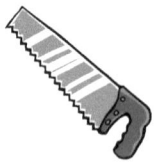

sharrë

zaag

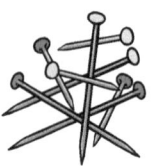

gozhdë

spijkers

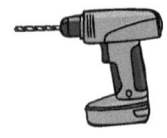

trapan

boor

riparoj

repareren

lopatë

schep

Dreq!

Verdorie!

kaci

stofblik

kuti boje

verfpot

vidhë

schroeven

instrumenta muzikorë
muziekinstrumenten

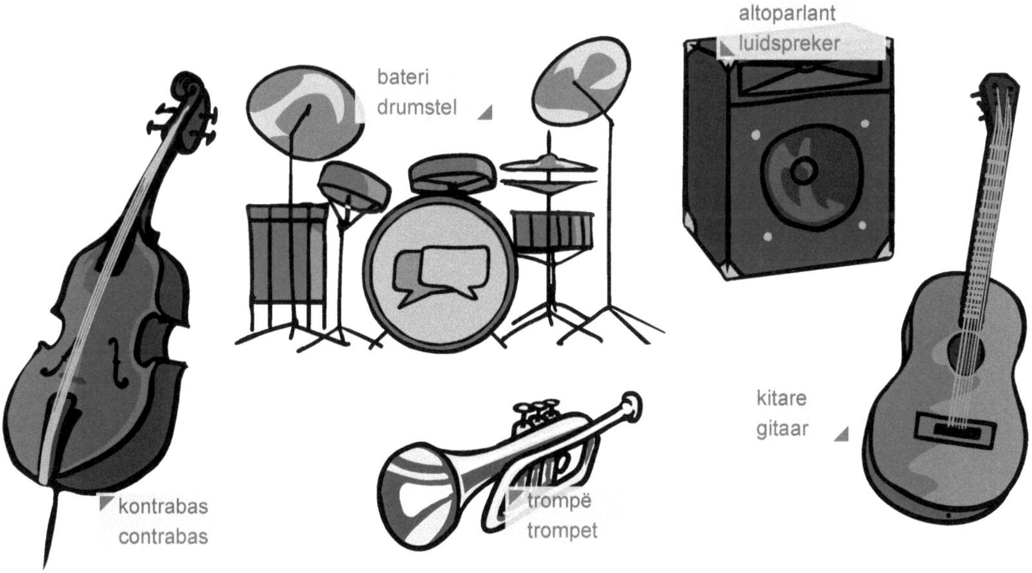

altoparlant
luidspreker

bateri
drumstel ◢

kitare
gitaar ◢

▸ kontrabas
contrabas

trompë
trompet

piano
piano

violinë
viool

bas
bas

tamburë
pauk

daulle
trommel

tastierë pianoje
keyboard

saksofon
saxofoon

flaut
fluit

mikrofon
microfoon

kopsht zoologjik

dierentuin

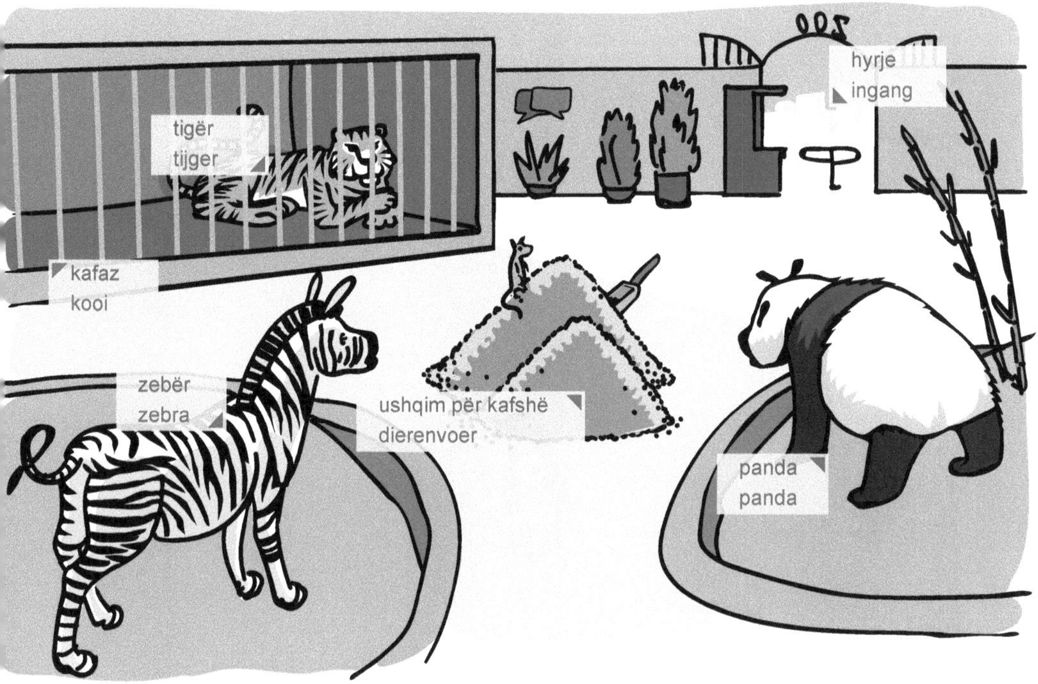

zoo
hyrje
ingang
tigër
tijger
kafaz
kooi
zebër
zebra
ushqim për kafshë
dierenvoer
panda
panda

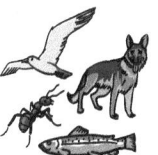

kafshë

dieren

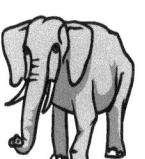

elefant

olifant

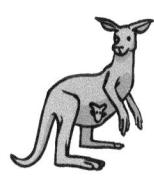

kangur

kangoeroe

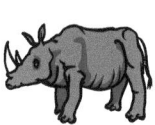

rinoceront

neushoorn

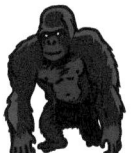

gorillë

gorilla

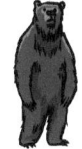

ari

beer

deve

kameel

struc

struisvogel

luan

leeuw

majmun

aap

flamingo

flamingo

papagall

papegaai

ari polar

ijsbeer

pinguin

pinguïn

peshkaqen

haai

pallua

pauw

gjarpër

slang

krokodil

krokodil

punonjës i kopshtit zoologjik

dierenverzorger

fokë

zeehond

xhaguar

jaguar

poni
pony

leopard
luipaard

hipopotam
nijlpaard

gjirafë
giraffe

shqiponjë
adelaar

derr i egër
wild zwijn

peshk
vis

breshkë
schildpad

lopë deti
walrus

dhelpër
vos

gazelë
gazelle

futboll amerikan
American football

çiklizëm
wielrennen

tenis
tennis

basketboll
basketbal

not
zwemmen

boks
boksen

hokej mbi akull
ijshockey

futboll
voetbal

badminton
badminton

atletikë
atletiek

hendboll
handbal

ski
skiën

polo
polo

qesh
lachen

hidhem
springen

përqafoj
knuffelen

eci
lopen

këndoj
zingen

ëndërroj
dromen

lutem
bidden

puth
kussen

shkruaj
schrijven

vizatoj
tekenen

tregoj
tonen

shtyj
duwen

jap
geven

marr
oppakken

kam

hebben

bëj

doen

jam

zijn

qëndroj

staan

vrapoj

rennen

tërheq

trekken

hedh

gooien

bie

vallen

shtrihem

liggen

pres

wachten

mbaj

dragen

ulem

zitten

vishem

aankleden

fle

slapen

zgjohem

wakker worden

aktivitet - activiteiten

shikoj

bekijken

qaj

huilen

përkëdhel

strelen

kreh

kammen

bisedoj

praten

kuptoj

begrijpen

kërkoj

vragen

dëgjoj

horen

pi

drinken

ha

eten

sistemoj

opruimen

dashuroj

houden van

gatuaj

koken

drejtoj makinën

rijden

fluturoj

vliegen

lundroj

zeilen

llogaris

rekenen

lexoj

lezen

mësoj

leren

punoj

werken

martohem

trouwen

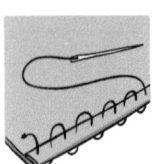

qep

naaien

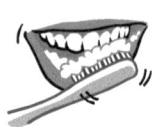

laj dhëmbët

tandenpoetsen

vras

doden

tymos

roken

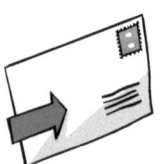

dërgoj

verzenden

familje

familie

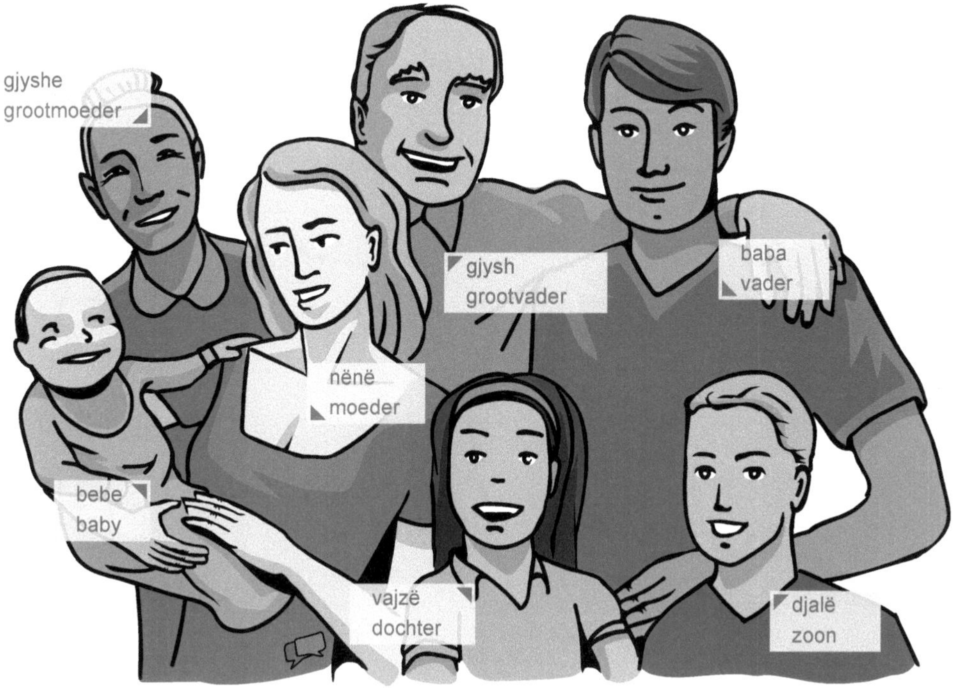
gjyshe
grootmoeder
gjysh
grootvader
baba
vader
nënë
moeder
bebe
baby
vajzë
dochter
djalë
zoon

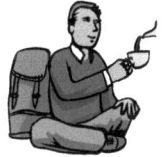

mysafir
gast

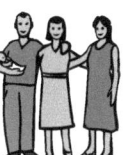

teze, hallë
tante

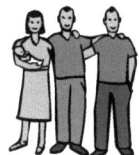

dajë, xhaxha
oom

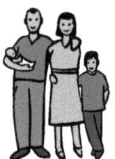

vëlla
broer

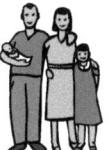

motër
zus

trupi
lichaam

balli
voorhoofd
syri
oog
shpatulla
schouder
gishti
vinger
fytyra
gezicht
mjekra
kin
dora
hand
kërnba
been
krahërori
borst
krahu
arm

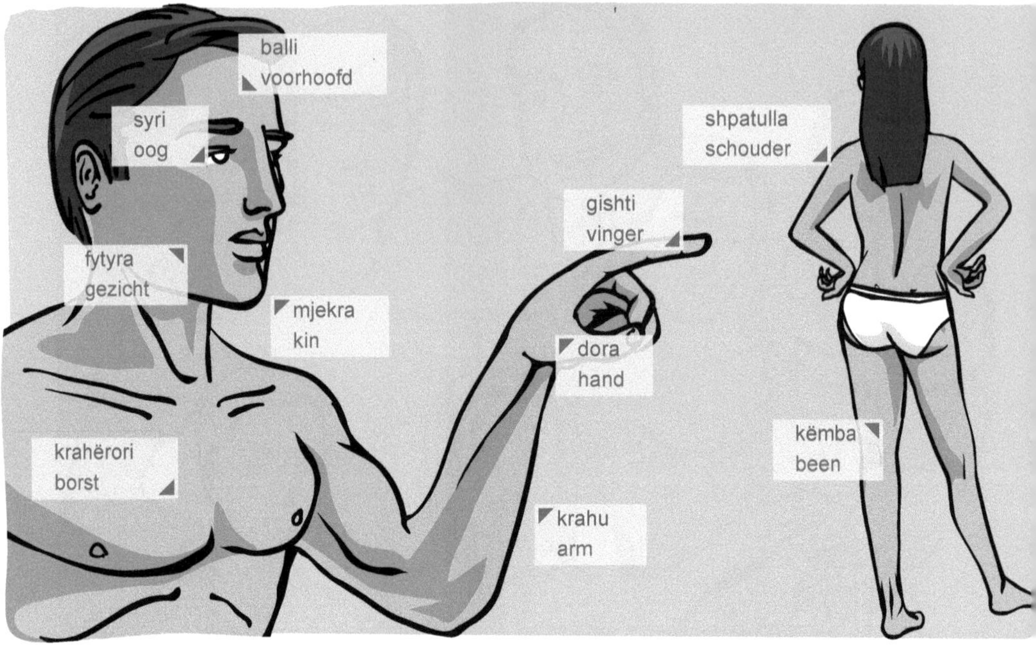

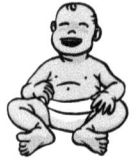

bebe

baby

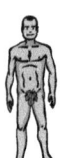

burrë

man

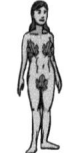

grua

vrouw

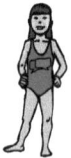

vajzë

meisje

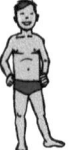

djalë

jongen

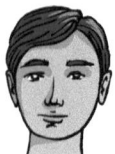

koka

hoofd

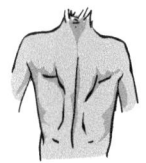

shpina

rug

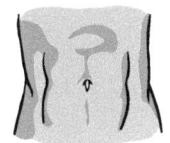

barku

buik

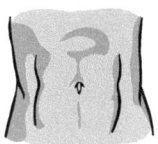

kërthiza

navel

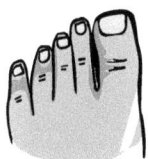

gisht këmbe

teen

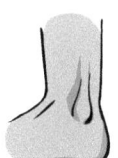

Thembra

hiel

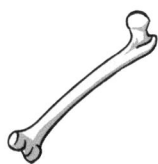

kockë

bot

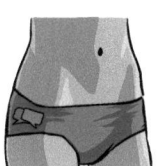

legeni

heup

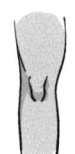

gjuri

knie

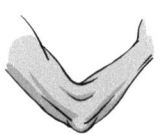

bërryli

elleboog

hunda

neus

vithe

achterwerk

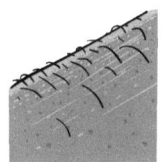

lëkura

huid

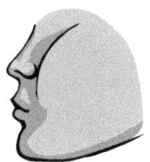

faqja

wang

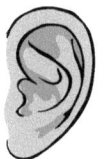

veshi

oor

buza

lippen

goja

mond

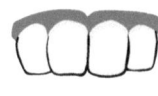

dhëmbët

tand

gjuha

tong

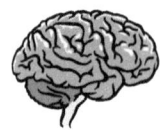

truri

hersenen

zemra

hart

muskul

spier

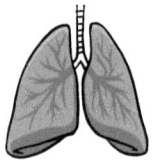

mushkëria

long

mëlçia

lever

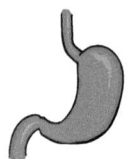

stomaku

maag

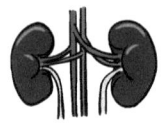

veshka

nieren

seks

geslachtsgemeenschap

prezervativ

condoom

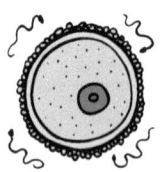

veza

eicel

sperma

sperma

shtatëzani

zwangerschap

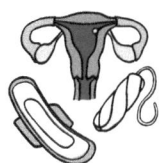

menstruacione
menstruatie

vagina
vagina

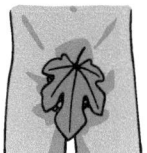

penis
penis

vetulla
wenkbrauw

flokët
haar

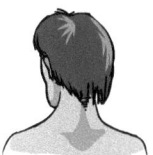

qafa
hals

spital
ziekenhuis

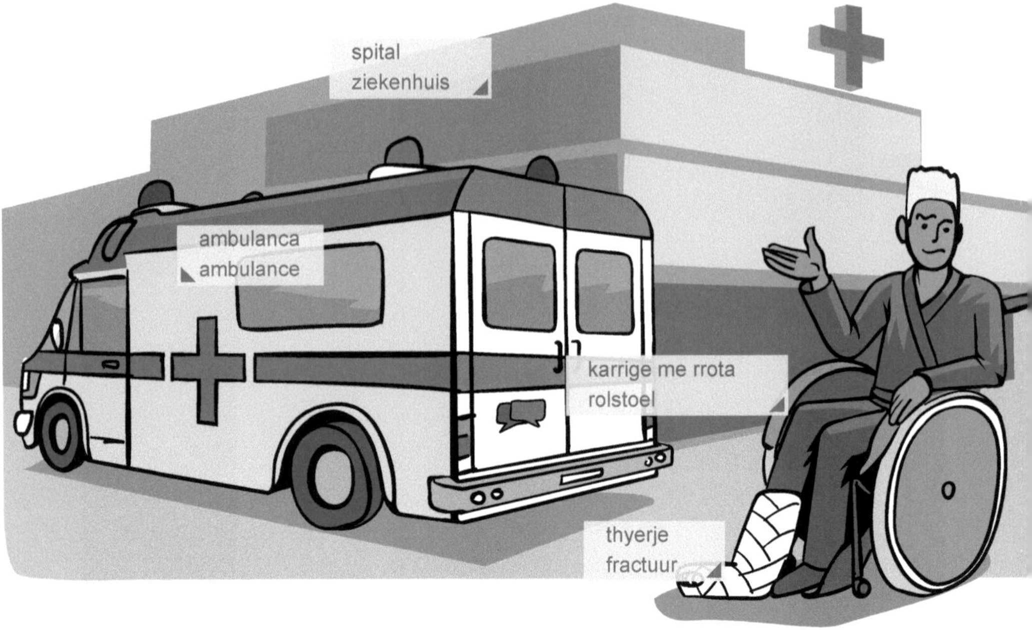

spital
ziekenhuis
ambulanca
ambulance
karrige me rrota
rolstoel
thyerje
fractuur

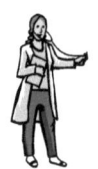

mjek

dokter

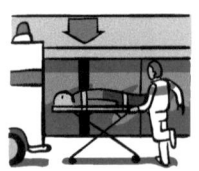

sallë urgjencash

EHBO

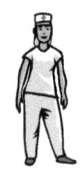

infermiere

verpleegster

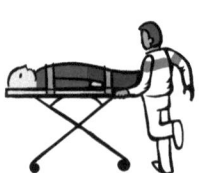

emergjencë

noodgeval

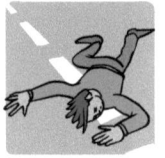

i pandërgjegjshëm

bewusteloos

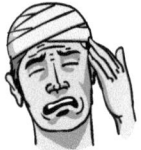

dhimbje

pijn

dëmtim

verwonding

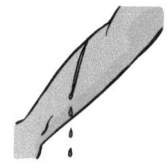

gjakosje

bloeding

infarkt

hartaanval

goditje

beroerte

alergji

allergie

kolla

hoest

ethe

koorts

grip

griep

diarre

diarree

dhimbje koke

hoofdpijn

kancer

kanker

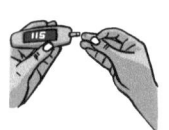

diabet

diabetes

kirurg

chirurg

bisturi

scalpel

operacion

operatie

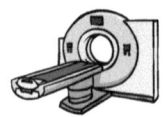

CT (skaner)

CT

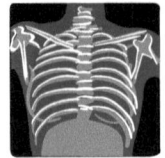

radiografi

röntgen

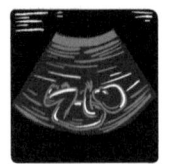

ultratingull

echografie

maskë fytyre

gezichtsmasker

sëmundje

ziekte

dhomë pritjeje

wachtkamer

paterica

kruk

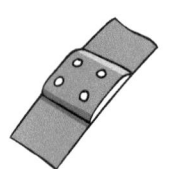

leukoplast

pleister

fasho

verband

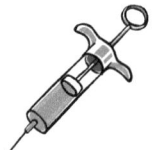

injeksion

injectie

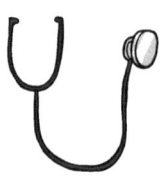

stetoskop

stethoscoop

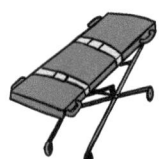

barelë

brancard

termometër

thermometer

lindje

geboorte

mbipeshë

overgewicht

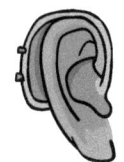

aparat dëgjimi

gehoorapparaat

dezinfektant

ontsmettingsmiddel

infeksion

infectie

virus

virus

HIV / AIDS

HIV / AIDS

mjekësi, mjekim

medicijn

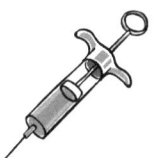

vaksinim

inenting

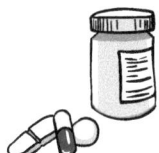

tableta

tabletten

pilulë

pil

telefonatë emergjence

alarmnummer

aparat tensioni

bloeddrukmeter

i sëmurë / i shëndetshëm

ziek / gezond

Ndihmë!

Help!

alarm

alarm

sulm

overval

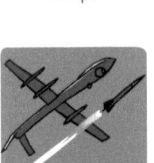

atak

aanval

rrezik

gevaar

dalje emergjence

nooduitgang

Zjarr!

Brand!

fikëse zjarri

brandblusser

aksident

ongeluk

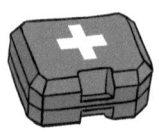

kuti e ndimës së shpejtë

EHBO-koffer

SOS

SOS

policia

politie

Europa
Europa

Amerika e Veriut
Noord-Amerika

Amerika e Jugut
Zuid-Amerika

Afrika
Afrika

Azia
Azië

Australia
Australië

Atlantiku
Atlantische Oceaan

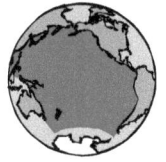

Paqësori
Stille Oceaan

Oqeani Indian
Indische Oceaan

Oqeani Antarktik
Zuidelijke Oceaan

Oqeani Arktik
Noordelijke IJszee

Poli i veriut
Noordpool

Poli i Jugut

Zuidpool

Antarktida

Antarctica

toka

aarde

tokë

land

det

zee

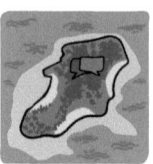

ishull

eiland

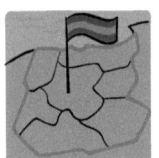

komb

natie

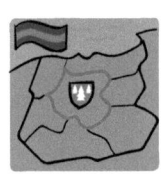

shtet

staat

fusha e orës

wijzerplaat

akrepi i orës

uurwijzer

akrepi i minutave

minutenwijzer

akrepi i sekondave

secondewijzer

Sa është ora?

Hoe laat is het?

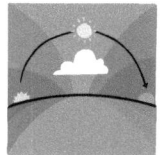

ditë

dag

kohë

tijd

tani

nu

orë dixhitale

digitaal horloge

minutë

minuut

orë

uur

javë
week

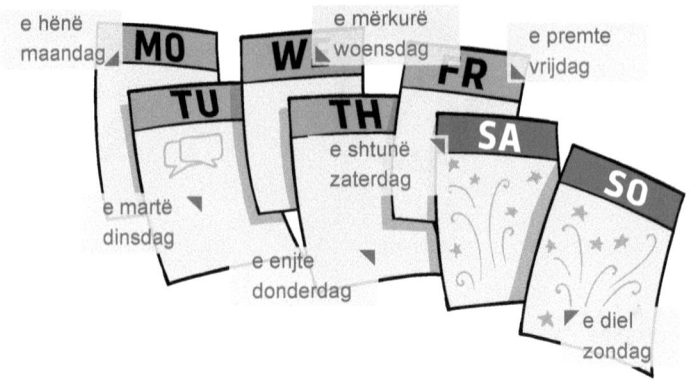

e hënë maandag
e mërkurë woensdag
e premte vrijdag
e martë dinsdag
e enjte donderdag
e shtunë zaterdag
e diel zondag

dje
gisteren

sot
vandaag

nesër
morgen

mëngjes
ochtend

mesditë
middag

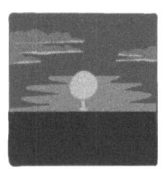

mbrëmje
avond

ditë pune
werkdagen

fundjavë
weekend

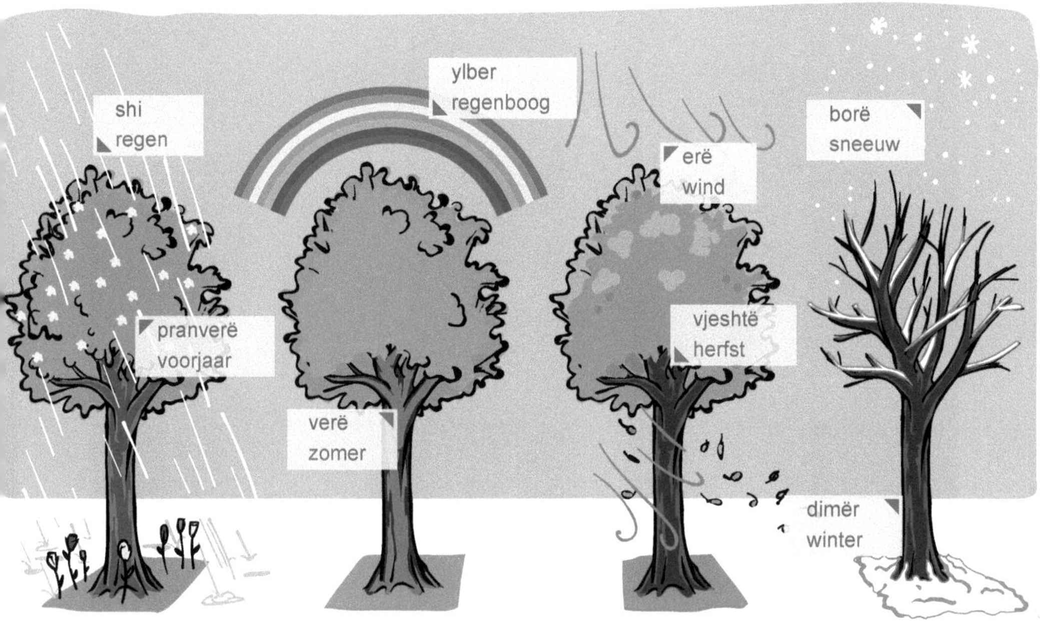

shi
regen
ylber
regenboog
borë
sneeuw
erë
wind
pranverë
voorjaar
vjeshtë
herfst
verë
zomer
dimër
winter

4.APRIL 11°
5.APRIL 4°
6.APRIL 13°
7.APRIL 8°
8.APRIL 10°

parashikimi i motit

weerbericht

F C
120 40
90 30
60 20
30 10
0 0
-30 -10
-20

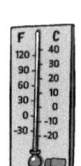

termometër

thermometer

ndriçim dielli

zonneschijn

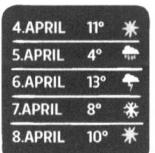

re

wolk

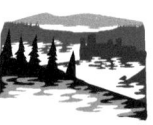

mjegull

mist

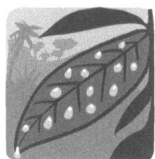

lagështi

luchtvochtigheid

vetëtima

bliksem

gjëmim

donder

stuhi

storm

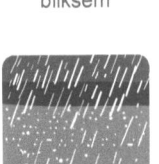

breshër

hagel

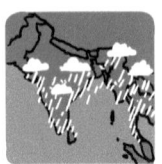

muson

moesson

përmbytje

overstroming

akull

ijs

janar

januari

shkurt

februari

mars

maart

prill

april

maj

mei

qershor

juni

korrik

juli

gusht

augustus

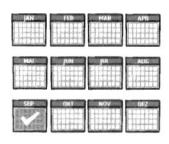

shtator

september

tetor

oktober

nëntor

november

dhjetor

december

forma
vormen

rreth

cirkel

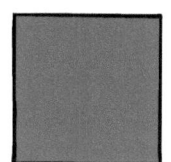

katror

vierkant

drejtkëndësh

rechthoek

trekëndësh

driehoek

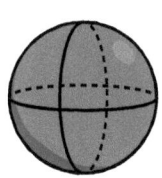

sferë

bol

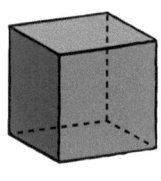

kub

kubus

e bardhë

wit

e verdhë

geel

portokalli

oranje

rozë

roze

e kuqe

rood

vjollcë

paars

blu

blauw

e gjelbër

groen

kafe

bruin

gri

grijs

e zezë

zwart

shumë / pak

veel / weinig

i nevrikosur / i qetë

boos / rustig

i bukur / i shëmtuar

mooi / lelijk

fillim / fund

begin / einde

i madh / i vogël

groot / klein

i ndritshëm / i errët

licht / donker

vëlla / motër

broer / zus

e pastër / e pistë

schoon / vies

e plotë / jo e plotë

volledig / onvolledig

ditë / natë

dag/ nacht

gjallë / vdekur

dood / levend

i gjerë / i ngushtë

breed / smal

i ngrënshëm / i pangrënshëm
eetbaar / oneetbaar

i keq / i këndshëm
gemeen / aardig

i lumtur / i mërzitur
opgewonden / verveeld

i shëndoshë / i dobët
dik / dun

e para / e fundit
eerste / laatste

mik / armik
vriend / vijand

plot / bosh
vol / leeg

e fortë / e butë
hard / zacht

e rëndë / e lehtë
zwaar / licht

uri / etje
honger / dorst

i sëmurë / i shëndetshëm
ziek / gezond

e paligjshme / e ligjshme
illegaal / legaal

i zgjuar / budalla
intelligent / dom

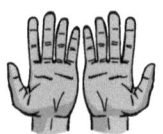

majtas / djathtas
links / rechts

afër / larg
dichtbij / ver

e re / e përdorur

nieuw / gebruikt

asgjë / diçka

niets / iets

i moshuar / i ri

oud / jong

ndezur / fikur

aan / uit

hapur / mbyllur

open / gesloten

i qetë / i zhurmshëm

zacht / luid

i pasur / i varfër

rijk / arm

e drejtë / e gabuar

goed / fout

i ashpër / i butë

ruw / glad

i mërzitur / i lumtur

verdrietig / gelukkig

i shkurtër / i gjatë

kort / lang

ngadalë / shpejt

langzaam / snel

i lagësht / i thatë

nat / droog

ngrohtë / freskët

warm / koel

luftë / paqe

oorlog / vrede

getallen

0

zero
nul

1

një
één

2

dy
twee

3

tre
drie

4

katër
vier

5

pesë
vijf

6

gjashtë
zes

7

shtatë
zeven

8

tetë
acht

9

nentë
negen

10

dhjetë
tien

11

njëmbëdhjetë
elf

12

dymbëdhjetë

twaalf

13

trembëdhjetë

dertien

14

katërmbëdhjetë

veertien

15

pesëmbëdhjetë

vijftien

16

gjashtëmbëdhjetë

zestien

17

shtatëmbëdhjetë

zeventien

18

tetëmbëdhjetë

achttien

19

nentëmbëdhjetë

negentien

20

njëzetë

twintig

100

qind

honderd

1.000

mijë

duizend

1.000.000

milion

miljoen

anglisht

Engels

anglishte amerikane

Amerikaans Engels

kinezisht mandarin

Chinees Mandarijn

hindi

Hindi

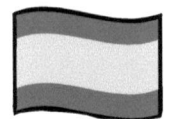

spanjisht

Spaans

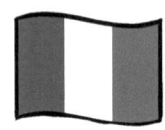

frëngjisht

Frans

arabisht

Arabisch

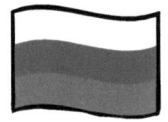

rusisht

Russisch

portugalisht

Portugees

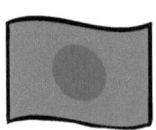

bengalisht

Bengalees

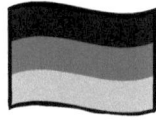

gjermanisht

Duits

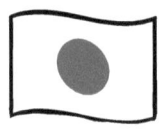

japonisht

Japans

unë

ik

ti

jij

ai / ajo

hij / zij / het

ne

wij

ju

jullie

ata

zij

kush?

wie?

çfarë?

wat?

si?

hoe?

ku?

waar?

kur?

wanneer?

emër

naam

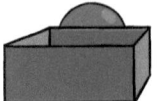

pas

achter

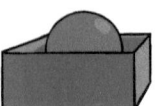

në

in

përballë

voor

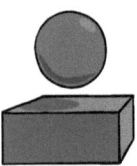

sipër

boven

mbi

op

poshtë

onder

pranë

naast

midis

tussen

vend

plaats